W0217923

Löffelkerlchen tierisch mini

Mini ist in! Kein Wunder also, dass nun auch die Kochlöffel an der Reihe sind, ihr Format zu ändern: klein, aber oho!

Die „Größe" eröffnet neue Möglichkeiten: Der kurze Stiel verändert die Proportionen, die Motive sind kompakter und wirken putziger und niedlicher.

Aus den Minis können witzige Türschilder oder Geschenkanhänger gebastelt werden. Sie eignen sich hervorragend als Tischdekoration und Einladungskarten. Sie erheitern uns als Tischaufsteller mit netten Botschaften. An Halloween baumeln und wippen ein paar Fledermäuse mit Spiralfedern von der Decke. Elefanten erinnern Sie an wichtige Termine und Katzen sorgen dafür, dass Sie wichtige Telefonnummern nicht vergessen.

Einen **RIESEN**spaß beim Basteln der **MINI**-Löffeltierchen wünscht Ihnen

Ihr

Die Motive lassen sich in folgende Schwierigkeitsgrade unterteilen:

● ○ ○ einfach ● ● ○ etwas schwieriger ● ● ● anspruchsvoll

MATERIAL

- Holzkochlöffel, mit runder Kelle, ø 3,5 cm, 10 cm oder 16 cm lang
- Balsaholz, 2 mm stark
- Holzperlen
- Rohholzwürfel
- Wackelaugen
- Acrylfarben
- Deko-Painter (oder holzdeckende Buntstifte)
- geglühter Blumendraht
- Lackdraht
- Abacafaser
- Fotokartonreste
- Baumwollfaden bzw. -kordel

FOLGENDE HILFSMITTEL UND WERKZEUGE WERDEN ALS GRUNDAUSSTATTUNG BENÖTIGT:

- Bleistift
- feiner Filzstift in Schwarz oder Tuschefüller, ø 0,2 mm
- Buntstift in Rot
- Transparentpapier und Fotokarton (für Schablonen)
- Alleskleber
- Klebekissen
- Bohrer, ø 1 mm, ø 2 mm, ø 2,5 mm, ø 3 mm und ø 8 mm
- Holzfeile
- Schleifpapier (Kochlöffelränder glätten)
- Seitenschneider (Draht abschneiden)
- Pinzette
- Vorstechnadel
- Lochzange
- Rundzange
- Schere
- Cutter mit Schneideunterlage
- Pinsel Nr. 0, Nr. 4 und Nr. 8

Hinweis: Sofern nicht anders angegeben, genügt für die Motive ein Rest Fotokarton oder Balsaholz, der maximal A5 groß ist.

So wird's gemacht

Kochlöffel

Es werden zwei Typen von Mini-Holzkochlöffeln verwendet. Die Kelle ist jeweils 3,5 cm breit, doch der Stiel variiert:
Der kurzstielige Kochlöffel hat eine Gesamtlänge von 10 cm, der langstielige misst 16 cm. Die langstielige Version kann mit der Säge gekürzt und das Stielende mit Feile und Schleifpapier abgerundet werden.

Schablonen

Die Motivteile ohne Überschneidungen vom Vorlagenbogen auf Transparentpapier abpausen. Das Transparentpapier auf einen Kartonrest kleben. Mit der Schere oder dem Cutter alle Teile entlang den Umrissen ausschneiden. Als Schablonen auf den Fotokarton oder das Balsaholz legen und die Konturen mit Bleistift nachziehen. Die Motivteile ausschneiden.

Pinzette

Wackelaugen mithilfe der Pinzette aufnehmen, die Rückseite mit Klebstoff bestreichen. Die Augen auf dem Kochlöffel platzieren.

Feile und Schleifpapier

Die Kochlöffel sind manchmal an den Rändern nicht sauber gearbeitet und sollten dann mit der Feile und mit 240er-Schleifpapier nachgearbeitet werden.

Fotokarton oder Balsaholz

Für filigrane, schmale Formen ausschließlich Fotokarton verwenden. Er lässt sich leicht mit der Schere oder dem Cutter ausschneiden.
Das weiche und spröde Balsaholz, 2 mm stark, kann bei einfachen und kompakten Formen anstelle von Fotokarton verwendet werden. Es wird mit dem Cutter geschnitten, die Ränder werden mit Schleifpapier abgerundet. Balsaholz anschließend mit Acrylfarben bemalen.

MOTIV-HÖHE
ca. 13 cm

MATERIAL PRO NASHORN

- Holzkochlöffel mit runder Kelle, ø 3,5 cm, 10 cm lang
- Rohholzwürfel, Seitenlänge 3 cm
- 4 Rohholzperlen, ø 1,5 cm
- 2 Wackelaugen, ø 3 mm
- Acrylfarbe in Weiß, Helllila und Lila
- Deko-Painter in Weiß
- Fotokarton in Weiß sowie Helllila oder Lila
- Baumwollkordel in Weiß, ø 3 mm
- geglühter Blumendraht, ø 0,35 mm, 2 x 10 cm lang
- Abacafaser in Schwarz, 4 cm lang

VORLAGENBOGEN 1A

Nashörner

→ ganz keck – mit viel sagender Hinterfront

1 Den Holzwürfel anbohren (ø 8 mm), damit der Kochlöffel in den Würfel gesteckt werden kann. In den Kochlöffel zwei kleine Löcher (ø 1 mm) für den Schwanz und zwei größere (ø 3 mm) für die Beine bohren.

2 Alle Holzteile bemalen, den Löffelstiel mit Deko-Painter verzieren.

3 Die Kordeln zur Hälfte durch die Beinlöcher ziehen und an den vier Enden jeweils mit Alleskleber eine Holzperle fixieren.

4 Mit dem Ende eines Drahtstücks das Abacafaserbüschel in der Mitte zusammenfassen (siehe Vorlagenbogen). An der Bindestelle knicken und mit dem zweiten Draht dreimal fest umwickeln, sodass eine Quaste entsteht; die Drahtenden mehrfach verdrehen und kürzen. Den ersten Draht als Schwanz durch die beiden kleineren Löcher ziehen und verdrehen.

5 Nun den Kopf und das ovale Schild aus Fotokarton herstellen, die Wackelaugen befestigen und alle Teile gemäß der Abbildung anbringen.

Tipp: Wie Sie auf dem Titelbild sehen, sind die beiden Dickhäuter auch in Blau sehr hübsch.

Mäuse

→ da macht die Kehrwoche sogar Freude

MOTIVHÖHE
ca. 16 cm

MATERIAL PRO MAUS

- Holzkochlöffel mit runder Kelle, ø 3,5 cm, 10 cm lang
- je 2 Rohholzperlen, ø 1 cm und ø 1,5 cm
- Halbperle in Schwarz, ø 5 mm (Nase)
- Rundholzstab in Natur, ø 3 mm, 8 cm lang
- Acrylfarbe in Grau, Weiß sowie Blau oder Pink
- Deko-Painter in Weiß
- Fotokarton in Grau, Weiß sowie Blau oder Pink
- Baumwollkordel in Weiß, ø 3 mm, 15 cm (Vorderbeine), 8 cm (Hinterbeine) und 9 cm lang (Schwanz)
- geglühter Blumendraht, ø 0,35 mm, 3 x 7 cm (Barthaare) und 3 x 10 cm lang (Besen doppelt binden und evtl. Aufhängung)
- Abacafaser in Schwarz, 3 cm (Haarbüschel) und 7 cm lang (Besen)

VORLAGENBOGEN 1A

Abbildung auf Seite 6

1 Falls eine Aufhängung gewünscht wird, den Kochlöffelstiel seitlich durchbohren (ø 1 mm, siehe Pfeil auf dem Vorlagenbogen). Für die Vorder- und Hinterbeine Löcher in die Kelle bohren (ø 3 mm).

2 Den Kochlöffel und die Perlen entsprechend der Abbildung bemalen und mit dem Deko-Painter verzieren.

WEITERFÜHRUNG

Mäuse

3 Auf die Vorderbeinkordel die beiden kleinen Holzperlen fädeln. Die Enden der Kordel durch die beiden Bohrungen führen und auf der Rückseite jeweils mit einem Knoten fixieren.

4 Die beiden Enden der Hinterbeinkordel von hinten durch die Bohrungen ziehen und jeweils mit einer großen Holzperle versehen.

5 An einem Ende der Schwanzkordel einen Knoten machen, das andere Ende auf der Rückseite des Kochlöffels festkleben.

6 Den Kopf aus Fotokarton herstellen. Die Ohrinnenflächen weiß ausmalen, die Augen aufzeichnen und die Nase festkleben. Mit der Vorstechnadel zweimal drei Löcher neben dem Näschen einstechen, dann die Drähte als Barthaare durchziehen. Die Abacafaser auf der Rückseite zwischen den Ohren ankleben. Den Kopf auf dem Kochlöffel befestigen.

7 Für den Besen die Abacafaser so um den Rundholzstab anordnen, dass ca. 2 cm des Stabes verdeckt sind. Mit den beiden Drähten mehrfach eng umschlingen. Die Drahtenden verdrehen und kürzen. Schließlich das kleine Schild anbringen.

Schildkröten

Anleitung auf Seite 8

MOTIVHÖHE
ca. 16 cm

MATERIAL PRO SCHILDKRÖTE

- Holzkochlöffel mit runder Kelle, ø 3,5 cm, 10 cm lang
- Rohholzwürfel, Seitenlänge 3 cm
- evtl. Mini-Wäscheklammer, 3 cm lang
- Acrylfarbe in Weiß und Terrakotta oder in Hellblau und Orange
- Deko-Painter in Weiß oder Hellblau
- Fotokarton in Hautfarbe sowie Terrakotta oder Orange
- Abacafaser in Braun
- Lackdraht in Schwarz, ø 0,5 mm, 15 cm oder 25 cm lang

VORLAGENBOGEN 1A

Schildkröten

→ zwei Pfiffikusse mit Wohlfühltipps

Abbildung auf Seite 7

1 Den Würfel anbohren (ø 8 mm).

2 Den Kochlöffel und den Würfel bemalen und mit Deko-Painter verzieren.

3 Den Kopf und den gesamten Schildkrötenkörper aus Fotokarton fertigen. Mit feinem schwarzem Filzstift das Gesicht und die Krallen einzeichnen, den Panzer mit Deko-Painter betupfen. Die Wangen mit Buntstift röten.

4 Abacafaser als Haarschopf hinten am Kopf festkleben.

5 Auf die Rückseite des Panzers das erste Beinpaar kleben (gestrichelte Linie), dahinter das zweite Beinpaar (bei beiden Schildkröten gleich, durchgezogene Linie). Den Kopf mit dem langen Hals auf dem Panzer fixieren. Die Schildkröte auf den Kochlöffel kleben.

6 Den Kochlöffel in den Würfel stecken und mit dem Draht umwickeln, eventuell die Wäscheklammer andrahten. Das kleine beschriftete Schild anbringen.

Elefanten

→ Jumbo als schlauer Memozettelhalter

1 Den Kochlöffelstiel seitlich und an der Kellenspitze dreimal von vorne durchbohren (ø 1 mm).

2 Nun den Kochlöffel und die Perle rot oder gelb bemalen und mit dem Deko-Painter Streifen und Punkte aufbringen.

3 Die Wackelaugen befestigen. Auf der Rückseite des Kopfes die Ohren und die Stoßzähne festkleben. Abacafaser an einer Seite mit Blumendraht zusammenfassen und als Haarbüschel von hinten an den Kopf kleben. Mit der Schere kürzen.

4 Den Kopf von vorne und die Beine von hinten am Kochlöffel fixieren.

5 Für die Schwanzquaste Abacafaser in der Mitte mit Draht zusammenfassen (siehe Vorlagenbogen). Das Faserbüschel an der Bindestelle knicken und mit einem zweiten Draht mehrfach umwickeln; die Drahtenden verdrehen und kürzen. Das erste Drahtstück als Schwanz an der mittleren Bohrung fixieren.

6 Ein Drahtstück als Aufhängung durch die Perle und die Bohrung im Stiel führen und die Enden verdrehen.

7 Die Enden des 20 cm langen Drahts von hinten durch die linke bzw. die rechte Bohrung ziehen und jeweils eine Wäscheklammer andrahten.

8 Wichtig – nicht vergessen: Das kleine Schild montieren!

MOTIVHÖHE
ca. 15 cm (incl. Wäscheklammern ca. 19 cm)

MATERIAL PRO ELEFANT

- Holzkochlöffel mit runder Kelle, ø 3,5 cm, 10 cm lang
- Rohholzperle, ø 8 mm
- 2 Wäscheklammern in Rot oder Gelb, 3 cm lang
- 2 Wackelaugen, ø 3 mm
- Acrylfarbe in Rot oder Gelb
- Deko-Painter in Weiß
- Fotokarton in Hellblau und Weiß
- geglühter Blumendraht, ø 0,35 mm, 20 cm (Wäscheklammern) und 4 x 10 cm lang (Aufhängung, Haarschopf, Schwanz)
- Abacafaser in Schwarz, 3 cm lang

VORLAGENBOGEN 1A

Hund und Schafe

→ hier ist's gemütlich, hier kuschelt man und zählt Schäfchen

MOTIVHÖHE
Hund ca. 12 cm
Schaf ca. 12 cm

MATERIAL
HUND

- Holzkochlöffel mit runder Kelle, ø 3,5 cm, 10 cm lang
- Holzperle in Rot, ø 8 mm
- 2 Wackelaugen, ø 3 mm
- Acrylfarbe in Hellblau
- Fotokarton in Rot, Braun, Schwarz und Weiß
- geglühter Blumendraht, ø 0,35 mm, 10 cm lang
- 2 Klebekissen, 5 mm x 5 mm

SCHAFE

- 2 Holzkochlöffel mit runder Kelle, ø 3,5 cm, 10 cm lang
- Rundholzstab, ø 3 mm, 10 cm lang
- 8 Rohholzperlen, ø 1,5 cm
- Acrylfarbe in Weiß und Ocker
- Strukturschnee
- Fotokarton in Ocker, Rot und Weiß
- Baumwollkordel in Weiß, ø 3 mm, 1 x 22 cm (Vorderbeine) und 2 x 9 cm lang (Hinterbeine)
- geglühter Blumendraht, ø 0,35 mm, 4 x 10 cm lang
- Borstenpinsel (Strukturschnee auftragen)

VORLAGENBOGEN 1A

Hund

1 Den Kochlöffel seitlich am Stiel durchbohren (ø 1 mm) und hellblau bemalen. Auf die Kelle mit Filzstift oder Tuschefüller das Muster zeichnen.

2 Durch das Loch im Stiel den Draht ziehen, die Holzperle auffädeln, die Drahtenden verdrehen und kürzen.

3 Den Kochlöffel auf das Sesselrückenteil (durchgezogene Linie auf dem Vorlagenbogen) kleben. Auf dem Sitzkissen (gepunktete Linie) beidseitig die Armlehnen montieren. Hinter- und Vorderpfoten anbringen. Das Sitzkissen vorne am Kochlöffel fixieren.

4 Das schwarze Oval auf die Schnauze kleben, dann die Schnauze mit den Klebekissen am Kopf befestigen. Die Wackelaugen anbringen. Den Kopf auf den Kochlöffel kleben und mit dem kleinen Schild den Türhänger vervollkommnen.

Schafe

1 Die Stiele der Kochlöffel seitlich anbohren (ø 3 mm). In die Kellen gemäß Vorlagenbogen je vier Löcher bohren (ø 3 mm).

2 Die Kochlöffel auf den Rundholzstab stecken und alles weiß bemalen. Die Holzperlen Ocker bemalen. Auf die Kellen und die beiden wolkenförmigen Haarteile (Fotokarton) Strukturschnee auftragen. Den Haarschopf auf die Köpfe aus Fotokarton kleben.

3 Auf die lange Kordel zwei Holzperlen fädeln. Die Kordelenden von vorne durch die zwei „mittleren", benachbarten Armlöcher der Schafe führen. Dann die Enden von hinten durch das linke Armloch des einen bzw. das rechte Armloch des anderen Schafs ziehen. Auf die Kordelenden je eine Holzperle kleben.

4 Die beiden Hinterbeinkordeln einziehen und ebenfalls mit einer Perle verzieren.

5 Nun die Köpfe ankleben. Die Herzen und das Schild mit Draht befestigen.

WOHN-
ZIMMER
SCHLAFZIMMER

Maus und Elch

→ verführerische Wegweiser – für Topfgucker und andere Leckermäulchen

MOTIVHÖHE
Maus ca. 13 cm
Elch ca. 12 cm

MATERIAL
MAUS

- Holzkochlöffel mit runder Kelle, ø 3,5 cm, 10 cm lang
- Holzperle in Rot, ø 8 mm
- Halbperle in Schwarz, ø 5 mm (Nase)
- 2 Wackelaugen, ø 3 mm
- Acrylfarbe in Weiß
- Deko-Painter in Rot
- dicker Filzstift in Schwarz (Topfdeckel)
- Fotokarton in Braun, Grau, Rot und Weiß
- geglühter Blumendraht, ø 0,35 mm, 1 x 10 cm (Aufhängung) und 3 x 6,5 cm lang (Barthaare)
- 4 Klebekissen, 5 mm x 5 mm

ELCH

- Holzkochlöffel mit runder Kelle, ø 3,5 cm, 10 cm lang
- Holzperle in Grün, ø 8 mm
- 2 Wackelaugen, ø 3 mm
- Acrylfarbe in Grün
- Fotokarton in Braun, Hautfarbe, Grau und Weiß
- geglühter Blumendraht, ø 0,35 mm, 10 cm lang
- 2 Klebekissen, 5 mm x 5 mm

VORLAGENBOGEN 1B

Maus

1 Den seitlich am Stiel durchbohrten (ø 1 mm) Kochlöffel weiß bemalen. Mithilfe des Deko-Painters die Kelle mit roten Streifen verzieren.

2 Den Draht durch das Loch im Stiel ziehen, die Holzperle auffädeln und die Enden verdrehen.

3 Die Ohrinnenflächen weiß ausmalen, Nase und Wackelaugen aufkleben. Zweimal drei Löcher in das Schnäuzchen stechen und die Barthaare aus Draht durchziehen. Den Kopf auf den Kochlöffel kleben. Von hinten Beine und Schwanz fixieren.

4 Den Topfdeckel schwarz anmalen und die Pfoten montieren. Den Topf samt Schild mit den Klebekissen am Kochlöffel befestigen.

Elch

1 Den Stiel seitlich durchbohren (ø 1 mm), dann den Kochlöffel grün bemalen.

2 Den Draht durch das Loch im Stiel ziehen, die Holzperle auffädeln und die Enden verdrehen.

3 Den Rumpf des Elchs (durchgezogene Linie auf dem Vorlagenbogen) von hinten an den Kochlöffel kleben. Messer und Gabel sowie die Vorderhufe gemäß der Abbildung montieren.

4 An die Rückseite des Kopfes das Geweih kleben. Die Schnauze mit den Klebekissen auf dem Kopf fixieren. Die Wackelaugen ergänzen.

5 Das „Lätzchen" von vorne und die Schleife der Serviette von hinten an den Kochlöffel kleben. Zum Schluss den Kopf und das ovale Schild befestigen.

ESSZiMMER
KÜCHE

Hase und Frosch

→ nimm's leicht, wenn die Welt Kopf steht!

MOTIVHÖHE
Hase ca. 18 cm
Frosch ca. 20 cm

MATERIAL
HASE

- Holzkochlöffel mit runder Kelle, ø 3,5 cm, 10 cm lang
- Rohholzwürfel, Seitenlänge 3 cm
- Acrylfarbe in Zitronengelb, Gelbgrün und Weiß
- Deko-Painter in Weiß und Gelb
- Fotokarton in Ocker, Weiß und Zitronengelb
- geglühter Blumendraht, ø 0,35 mm, 2 x 6 cm lang

FROSCH

- Holzkochlöffel mit runder Kelle, ø 3,5 cm, 10 cm lang
- Rohholzwürfel, Seitenlänge 3 cm
- Acrylfarbe in Zitronengelb und Gelbgrün
- Deko-Painter in Gelb
- Fotokarton in Zitronengelb
- Papierdraht in Gelb, ø 2 mm, 10 cm (Vorderbeine) und 15 cm lang (Hinterbeine)

VORLAGENBOGEN 1B

Hase

1 Den Würfel anbohren (ø 8 mm). Kochlöffel und Würfel gemäß der Abbildung bemalen und mithilfe der Deko-Painter verzieren.

2 Aus Fotokarton die fehlenden Körperteile des Hasen fertigen. Das Gesicht aufzeichnen, die Ohrinnenflächen und die Zähne weiß ausmalen. Die Löcher für die Barthaare einstechen und die Drähte einziehen.

3 Den Kopf von vorne und den Rumpf von hinten an den Kochlöffel kleben. Das Schild montieren.

Frosch

1 In den Kochlöffel gemäß Vorlagenbogen vier Löcher (ø 2,5 mm) bohren. Den Würfel anbohren (ø 8 mm).

2 Kochlöffel und Würfel bemalen und mit dem Deko-Painter ein Rautenmuster auf die Kelle zeichnen.

3 Den Kopf, die Hände und die Füße aus Fotokarton fertigen, das Gesicht aufzeichnen. Hände und Füße mit der Lochzange lochen.

4 Die Drähte für die Vorder- und Hinterbeine durch die Bohrlöcher stecken. Auf die Drahtenden die gelochten Hände und Füße stecken. Die Hände entsprechend der Abbildung am Stiel des Kochlöffels arrangieren und festkleben.

5 Den Kopf und das Schild fixieren.

Ich freu mich
TAKE IT EASY

Nilpferd

→ der Gag fürs stille Örtchen: ein pfundiger Sitzenbleiber

MOTIVHÖHE
ca. 19 cm

MATERIAL
- Holzkochlöffel mit runder Kelle, ø 3,5 cm, 16 cm lang
- Balsaholz, 2 mm stark, 10 cm x 10 cm
- 2 Holzperlen in Rot, ø 4 mm
- Holzperle in Weiß, ø 4 mm
- Acrylfarbe in Hellblau, Weiß und Rot
- Baumwollfaden in Rot, ø 1 mm, 10 cm und 15 cm lang
- Silberdraht, ø 1 mm, 10 cm lang

VORLAGENBOGEN 1B

1 Den Kochlöffelstiel einmal von vorne (ø 2 mm) und zweimal seitlich (ø 1 mm, siehe Pfeile auf dem Vorlagenbogen) durchbohren.

2 Bis auf den Kochlöffel sämtliche Teile gemäß Vorlagenbogen mit dem Cutter aus Balsaholz ausschneiden, dabei den Verlauf der Holzmaserung beachten! Die Ränder mit Schleifpapier glätten und abrunden.

3 Die Motivteile entsprechend der Abbildung bemalen. Mit feinem schwarzem Filzstift die Linien auf dem Nilpferdkopf, dem Schild und dem Spülkasten einzeichnen. Die Teile mit Alleskleber auf dem Kochlöffel montieren.

4 Den Draht durch die seitliche obere Bohrung stecken und ein Ende zweimal um den Stiel schlingen. Das andere Ende mithilfe einer Rundzange zu einem kleinen Kreis biegen. An dieser Öse den längeren Baumwollfaden festbinden, die Holzperlen auffädeln und das Ende verknoten.

5 Das „Besetzt"-Schild mit dem kürzeren Baumwollfaden an der zweiten seitlichen Bohrung anbringen.

Giraffe

→ für einen Menschen, der Größe zeigt

MOTIVHÖHE
ca. 25 cm

MATERIAL
- Holzkochlöffel mit runder Kelle, ø 3,5 cm, 16 cm lang
- 4 Rohholzperlen, ø 1,5 cm
- Schaschlikstäbchen
- 2 Wackelaugen, ø 3 mm
- Acrylfarbe in Gelb und Schwarz
- Fotokarton in Gelb und Rot
- geglühter Blumendraht, ø 0,35 mm, 10 cm lang (Aufhängung)
- Lackdraht in Schwarz, ø 0,5 mm, 10 cm lang
- Chenilledraht in Gelb, 2 x 20 cm lang

VORLAGENBOGEN 1B

1 Den Stiel des Kochlöffels von der Seite her mit einem Loch versehen (ø 1 mm) und die Kelle zweimal gemäß Vorlagenbogen durchbohren (ø 3 mm).

2 Den Löffel gelb bemalen und mit schwarzen Flecken verzieren. Auch die Holzperlen schwarz streichen.

3 Die beiden Chenilledrähte jeweils in der Mitte biegen und als Vorder- bzw. Hinterbeine durch die Löcher im Rumpf ziehen. Die Holzperlen auf die Enden kleben.

4 Die Wackelaugen auf den Kopf aus Fotokarton kleben und die Hörner schwarz anmalen. Von hinten die Zunge anbringen.

5 Nun den Kopf am Stiel des Kochlöffels befestigen. Den Draht um das Schaschlikstäbchen wickeln, abziehen und das beschriftete Herz andrahten.

Krokodile

→ süße Raubtiere für den (halb)wilden Kindergeburtstag

MOTIVHÖHE
ca. 11 cm

MATERIAL PRO KROKODIL

- Holzkochlöffel mit runder Kelle, ø 3,5 cm, 10 cm lang
- evtl. Rohholzwürfel, Seitenlänge 3 cm
- Acrylfarbe in Weiß (Zähne) sowie Hellgrün oder Zitronengelb
- Deko-Painter in Grün oder Gelb
- Fotokarton in Hellgrün, Weiß und evtl. Zitronengelb
- Papierdraht in Gelb, ø 2 mm, 2 x 4 cm lang

VORLAGENBOGEN 2A

1 Den Krokodilkörper aus Fotokarton ausschneiden, das Gesicht aufzeichnen. Die Zähne mit einem sehr feinen Pinsel weiß färben. Falls gewünscht, Flicken aufkleben und die Nähte aufmalen.

2 Das Krokodil von hinten an den zweimal durchbohrten (ø 2 mm) und dann bemalten und mit Deko-Painter betupften Kochlöffel kleben.

3 Die Papierdrahtstücke jeweils zur Hälfte durch die beiden Löcher ziehen und auf die Enden je einen mit der Lochzange gelochten Fuß auffädeln. Die Drahtenden möglichst knapp umbiegen.

4 Den Kochlöffelstiel in einen angebohrten (ø 8 mm) und bemalten Rohholzwürfel stecken. Oder den annähernd halbkreisförmigen Aufsteller (siehe Vorlagenbogen) ausschneiden, an der gestrichelten Linie anritzen und falten. An der Faltlinie zwei waagerechte Einschnitte anbringen (durchgezogene Linien) und an den gepunkteten senkrechten Linien anritzen. Das Schild aufklappen und langsam wieder schließen, dabei zugleich das Mittelteil durchdrücken. Nun den Stiel des Kochlöffels von oben her gemäß der Abbildung hineinstecken.

Tipp: Die Punkte auf der Kelle können Sie auch mit einem Rundholzstäbchen, ø 2 mm oder ø 3 mm, auftupfen. Das Krokodil macht sich auch sehr gut als Muffin- oder Törtchen-Verzierung.

GUTEN
APPETIT
DANIEL

Schmetterlinge

→ haarsträubend ulkig – für Witzbolde und Spaßvögel

MOTIVHÖHE
ca. 11 cm

MATERIAL PRO SCHMETTERLING

- Holzkochlöffel mit runder Kelle, ø 3,5 cm, 10 cm lang
- 2 Rohholzperlen, ø 8 mm
- 2 Wackelaugen, ø 6 mm
- Acrylfarbe in Weiß oder Hellblau
- Bastelkarton in Rot oder Gelb mit weißen Punkten
- Lackdraht in Schwarz, ø 0,5 mm, 14 cm lang
- Langhaarplüsch in Schwarz

VORLAGENBOGEN 2A

1 Den Löffel zweimal durchbohren (ø 1 mm). Gemäß der Abbildung bemalen und das Gesicht aufzeichnen. Die Wackelaugen aufkleben.

2 Den Draht für die Fühler durch die Löcher ziehen, die beiden bemalten Holzperlen auffädeln und andrahten.

3 Für den gelb-blauen Schmetterling vom Langhaarplüsch einen 3,5 cm x 2 cm großen Zuschnitt vorbereiten; für den rot-weißen Gesellen wird ein 4,5 cm x 1 cm großes Stück benötigt. Beim Abschneiden die Scherenspitze unter den Haaren durchschieben, damit sie nicht versehentlich gekürzt werden! Den Plüsch von hinten an den Kochlöffel kleben; den schmalen Plüschstreifen des roten Schmetterlings dabei bogenförmig anbringen.

4 Die ausgeschnittenen Flügel in der Mitte anritzen und falten (gestrichelte Linie auf dem Vorlagenbogen). Nun die Flügel quer zur Faltlinie viermal einschneiden (durchgezogene Linien), an den gepunkteten Linien anritzen. Die Flügel aufklappen und wieder schließen, dabei zugleich die beiden Streifen durchdrücken. Den Stiel des Kochlöffels von oben her gemäß der Abbildung hineinstecken.

(Noch ein) Elch

→ eine Spardose, der niemand widerstehen kann

MOTIVHÖHE
ca. 18 cm

MATERIAL
- Holzkochlöffel mit runder Kelle, ø 3,5 cm, 16 cm lang
- Balsaholz, 2 mm stark, 10 cm x 5 cm
- 2 Wackelaugen, ø 6 mm
- Acrylfarbe in Grün und Hautfarbe
- Acrylfarbe mit Struktureffekt in Braun
- Fotokarton in Hautfarbe, Weiß und Rot
- Pappröhre, 10 cm lang (von Küchenkrepp- oder Klopapierrolle)
- Abacafaser in Grün

VORLAGENBOGEN 2A

1 Aus Balsaholz mit dem Cutter die Ohren, die beiden Schnauzenteile und die halbkreisförmigen Vorderfüße sowie die Hufe ausschneiden. Die Ränder mit Schleifpapier glätten und abrunden.

2 Die Schnauzenteile und die Hufe hautfarben, den Kochlöffel, die Ohren und die Füße braun bemalen.

3 Das Geweih, das Schild und die Pilze aus Fotokarton ausschneiden.

4 Zuerst die Schnauzenteile, dann die Ohren und das Geweih und schließlich die Wackelaugen entsprechend der Abbildung am Kochlöffel fixieren.

5 Die Bodenplatte aus Fotokarton (mit gezacktem Rand) an der gestrichelten Linie anritzen, die Zacken nach oben umklappen und innen an der Pappröhre festkleben. Die Pappröhre grün bemalen.

6 Die Pilze montieren, die Abacafaser um den unteren Teil der Röhre schlingen und mit Alleskleber befestigen. Den Kochlöffelstiel im Inneren der Röhre anbringen. Die Füße mit den Hufen am Röhrenrand fixieren.

EINE
KLEINE
SPENDE,
BITTE!

Fledermäuse

→ für die Sternstunden des Herbstes: Fledi, Ermi und Ausi

MOTIVHÖHE
Karte mit Fledi: 18,5 cm
Ermi: ca. 10 cm
Ausi (mit Schild): ca. 12 cm
(jeweils ohne Aufhängung)

MATERIAL PRO FLEDERMAUS

- Holzkochlöffel mit runder Kelle, ø 3,5 cm, 10 cm lang
- Acrylfarbe in Schwarz und Weiß
- Fotokarton in Grau und Gelb

ZUSÄTZLICH FÜR DIE KARTE MIT FLEDI

- Wellpappe in Schwarz, 24 cm x 18,5 cm
- Fotokarton in Gelb, 23 cm x 17,5 cm
- Lackdraht in Schwarz, ø 0,5 mm, 10 cm lang

ZUSÄTZLICH FÜR ERMI ODER AUSI

- Lackdraht in Schwarz, ø 0,5 mm, 20 cm (Sterne) und 50 cm lang (Aufhängung)
- Schaschlikstäbchen

VORLAGENBOGEN 2A

Karte mit Fledi

1 Den Löffel seitlich durchbohren (ø 1 mm) und schwarz bemalen.

2 Die Wellpappe mithilfe von Cutter und Lineal vorsichtig in der Mitte anritzen und zu einer Doppelkarte zusammenklappen. Aus gelbem Fotokarton eine Einlage herstellen.

3 Die Fledermaus gemäß Vorlagenbogen und Abbildung vorbereiten. Die Zähne mit einem sehr feinen Pinsel und weißer Acrylfarbe aufbringen. Mond und Sterne auf der Karte montieren, dann den Kochlöffelstiel mit dem Draht auf der Karte fixieren.

Ausi (mit Schild) oder Ermi

1 Kopf, Flügel und Füße vorbereiten und an den bemalten und durchborten (ø 1 mm) Kochlöffel kleben.

2 Für die Aufhängung aus dem langen Draht mithilfe des Schaschlikstäbchens eine Spirale formen. Ein Ende durch die Bohrung am Stiel stecken und andrahten. Den zweiten Draht zur Hälfte durch dasselbe Loch stecken, die Enden jeweils um das Schaschlikstäbchen wickeln, abziehen, dehnen und die Abschlüsse mit je einem Stern schmücken.

3 Das kleine gelbe Schriftschild hinter Ausis Pfoten kleben.

HAPPY HALLOWEEN
HALLOWEEN-PARTY

Kater und Bär

→ beschwingt oder beschwipst – ein (ange)heiter(t)es Mitbringsel

MOTIVHÖHE
Kater ca. 12 cm ohne Korken
Bär ca. 13 cm

MATERIAL
KATER

- Holzkochlöffel mit runder Kelle, ø 3,5 cm, 10 cm lang
- 4 Rohholzperlen, ø 1,5 cm
- 2 Wackelaugen, ø 3 mm
- Acrylfarbe in Schwarz und evtl. Weiß
- Fotokarton in Schwarz, Weiß und Rot
- Dekokordel in Schwarz, ø 2 mm, 2 x 12 cm lang
- geglühter Blumendraht, ø 0,35 mm, 4 x 7 cm lang
- Weinkorken

BÄR

- Holzkochlöffel mit runder Kelle, ø 3,5 cm, 10 cm lang
- 2 Holzperlen in Blau, ø 3 mm
- Acrylfarbe in Blau
- Deko-Painter in Gelb
- Fotokarton in Ocker, Hautfarbe, Gelb, Blau und Weiß
- Baumwollfaden in Blau, ø 1 mm, 40 cm lang

VORLAGENBOGEN 2B

Kater

1 Das weiße Schnauzenteil entweder aus Fotokarton ausschneiden oder mit Acrylfarbe auf den Kopf malen. Die Wackelaugen anbringen, Löcher für die Barthaare einstechen und drei Drähte durchziehen.

2 Den Kopf auf den viermal durchbohrten (ø 3 mm) und schwarz bemalten Kochlöffel kleben. Die beiden Kordeln gemäß der Abbildung durch die Löcher ziehen und auf die Enden je eine schwarz bemalte Holzperle kleben.

3 Den Korken anbohren (ø 8 mm) und den Löffelstiel einstecken. Zum Schluss das angedrahtete Schild umhängen.

Bär

1 Den Kochlöffel seitlich durchbohren (ø 2 mm) und blau bemalen. Mit dem Deko-Painter verzieren.

2 Den vorbereiteten Kopf von vorne und den Rumpf von hinten am Kochlöffel festkleben. Drei mit dem Cutter halbierte Holzperlen als Knöpfe anbringen.

KATER
GEFÄLLIG ?
FÜR
PAPA

Hahn und Hühner

→ sonntags mal ein Ei –
Frühstück in feiner Gesellschaft

MOTIVHÖHE
ca. 17 cm (Hahn) und 14 cm (Hühner)

MATERIAL PRO HAHN ODER HUHN

- Holzkochlöffel mit runder Kelle, ø 3,5 cm, 10 cm lang
- Rohholzwürfel, Seitenlänge 3 cm
- 2 Wackelaugen, ø 3 mm
- Acrylfarbe in Weiß sowie Braun oder Hellgrün
- Deko-Painter in Weiß oder Gelb
- Fotokarton in Weiß, Gelb, Rot und Braun oder Hellgrün
- evtl. Dschungelgras in Grün (Huhn)
- Flauschfeder in Gelb (Huhn) oder Hahnenfeder in Gelb und 2 x Grün (Hahn)

VORLAGENBOGEN 2B

1 Den angebohrten (ø 8 mm) Würfel sowie den Kochlöffelstiel hellgrün (Huhn) oder braun (Hahn) bemalen. Die Löffelkelle weiß streichen. Mit Deko-Painter die Punkte auf den Würfel tupfen.

2 Auf der Rückseite des Schnabels den roten Kehlsack befestigen. Den Schnabel, die Wackelaugen und die Flügel auf den Kochlöffel kleben. Von hinten den Kamm und die Feder(n) anbringen.

3 Das Nest des Huhns mit klein geschnittenem Dschungelgras bekleben, dann auf dem Kochlöffel fixieren. Beim Hahn die Sitzstange und die Füße ankleben. Den Kochlöffel in den Würfel stecken.

Tipp: Die Punkte können Sie auch mit einem Rundholzstäbchen, ø 2 mm oder ø 3 mm, auftupfen.

Löffel-
kerlchen

Kätzchen

→ als netter Hinweis im Briefkuvert verschickt: Ruf doch mal an!

MOTIVHÖHE
ca. 14 cm (inkl. Wäscheklammern ca. 19 cm)

MATERIAL PRO KÄTZCHEN

- Holzkochlöffel mit runder Kelle, ø 3,5 cm, 10 cm lang
- Holzperle in Rot oder Blau, ø 8 mm
- 2 Wäscheklammern in Rot oder Blau, 3 cm lang
- Acrylfarbe in Rot oder Blau
- dicker schwarzer Filzstift (Fellzeichnung)
- Fotokarton in Weiß und Blau oder in Grau, Rot und Weiß
- geglühter Blumendraht, ø 0,35 mm, 10 cm (Aufhängung), 2 x 20 cm (Wäscheklammern und Telefonkabel) und 3 x 7 cm lang (Barthaare)
- Rundholzstäbchen, ø 2 mm

VORLAGENBOGEN 2 B

1 Den Stiel des Kochlöffels seitlich und die Kelle einmal von vorne durchbohren (ø 1 mm), dann den Kochlöffel rot oder blau bemalen.

2 Den Kopf ausschneiden und das Gesicht zeichnen. Die Löcher für die Barthaare stechen und die drei Drahtstücke durchziehen.

3 Den Draht für das Telefonkabel um das Rundholzstäbchen wickeln, abziehen und damit das Telefon mit dem Hörer verbinden.

4 Die restlichen beiden Drähte gemäß der Abbildung durch die betreffenden Löcher ziehen. Die Holzperle (Aufhängung) auffädeln, die Drahtenden verdrehen. Die Wäscheklammern am längeren Drahtstück anbringen.

5 Mit dem dicken Filzstift das Fellmuster zeichnen. Rumpf und Schwanz von hinten, den Kopf von vorne an den Kochlöffel kleben. Den Telefonhörer zwischen den beiden Teilen der Pfote fixieren.

RUF DOCH MAL AN
Katrin
63901
Petra
7403
Dancehall Jammin
at Play (ehm. Wohlfahrt)
Marienstrasse 28 70173 Stuttgart
Eingang über Sophienstrasse

Entenküken

→ für frisch gebackene Eltern oder quietschfidele Entenfreunde

MOTIVHÖHE
ca. 10 cm

MATERIAL PRO KÜKEN

- Holzkochlöffel mit runder Kelle, ø 3,5 cm, 10 cm lang
- 2 Wackelaugen, ø 6 mm
- Acrylfarbe in Weiß
- Deko-Painter in Hellblau
- Fotokarton in Rot und Zitronengelb
- Flauschfeder in Gelb

VORLAGENBOGEN 2 B

1 Den Löffel weiß bemalen und die Kelle mithilfe des Deko-Painters verzieren.

2 Am Kopf zuerst den Schnabel, dann die Wackelaugen festkleben. Kopf und Füße auf der Löffelkelle fixieren. Von hinten die Flügel und die Flauschfeder anbringen.

DIESES BUCH ENTHÄLT 2 VORLAGENBOGEN

IMPRESSUM

FOTOS: frechverlag GmbH, 70499 Stuttgart; Fotostudio Ullrich & Co., Renningen
DRUCK: frechdruck GmbH, 70499 Stuttgart

Materialangaben und Arbeitshinweise in diesem Buch wurden von dem Autor und den Mitarbeitern des Verlags sorgfältig geprüft. Eine Garantie wird jedoch nicht übernommen. Autor und Verlag können für eventuell auftretende Fehler oder Schäden nicht haftbar gemacht werden. Das Werk und die darin gezeigten Modelle sind urheberrechtlich geschützt. Die Vervielfältigung und Verbreitung ist, außer für private, nicht kommerzielle Zwecke, untersagt und wird zivil- und strafrechtlich verfolgt. Dies gilt insbesondere für eine Verbreitung des Werkes durch Fotokopien, Film, Funk und Fernsehen, elektronische Medien und Internet sowie für eine gewerbliche Nutzung der gezeigten Modelle. Bei Verwendung im Unterricht und in Kursen ist auf dieses Buch hinzuweisen.

Auflage: 5. 4. 3. 2. 1.
Jahr: 2008 2007 2006 2005 2004 [Letzte Zahlen maßgebend]

© 2004 frechverlag GmbH, 70499 Stuttgart

ISBN 3-7724-3311-1
Best.-Nr. 3311